KAREN KLEIMAN
Ilustraciones Molly McIntyre

LAS BUENAS MAMÁS

Tienen pensamientos aterradores, pero no pasa nada

Una guía sanadora para los miedos secretos
de las madres novatas

Editorial OB STARE

Contenido

Introducción

A todas las mamás novatas

Es normal que la enorme responsabilidad de cuidar a un recién nacido conlleve un mayor grado de vigilancia. En ocasiones, ese necesario estado de alerta puede llevar a confusión. Siempre hay alguna nueva madre que cree que se avecina una crisis. Por ejemplo, por miedo a que el bebé se le resbale o se le caiga, lo sujeta con una fuerza excesiva mientras baja las escaleras; o bien, temerosa de que ocurra algún desastre durante la noche, se mantiene despierta para oír el silencioso sonido de la respiración; o aun, si se cae rendida de cansancio, sueña con que el bebé padece algún daño por culpa de su negligencia.

Acabas de tener un bebé. Estás muy expectante durante todo el tiempo. De pronto, la responsabilidad de querer fervientemente a ese ser humano tan precioso y totalmente dependiente se ha convertido en puro terror. Te percatas de que tu vida ya no será la misma. Te sientes diferente. Se te ve diferente. Eres diferente. La confianza ha dado paso a la inseguridad. Tu actitud relajada ha cambiado por un irreconocible y omnipresente estado de nervios. Y lo peor de todo es que, sin motivo alguno, estás continuamente esperando que algo horrible suceda, a cada paso.

Este fenómeno consistente en una ansiedad constante o intermitente sobre algo terrible que está sucediendo, generalmente con tu bebé, en realidad es muy común. ¿Sabías que alrededor del 91% de todas las madres novatas (no sólo aquellas que padecen ansiedad o depresión) tienen pensamientos negativos e invasivos sobre el posible daño que pueda padecer su bebé? ¡El 91%! Casi todas las madres. Las madres novatas están programadas para responder ante cualquier indicio de malestar de su bebé y tomar meticulosas medidas de protección al respecto. Cuando tu cerebro y tu cuerpo están en constante estado de alerta, te vuelves susceptible de padecer ansiedad. Si bien hay mujeres que tienen más tendencia que otras a sufrir ansiedad, es fácil ver cómo cualquier madre novata se vuelve ansiosa cuando añadimos privación de sueño, cambios hormonales, un entorno estresante, otras maneras de pensar e influencias genéticas. Este estado de vulnerabilidad se convierte en el caldo de cultivo de pensamientos aterradores.

Pensamientos aterradores es una expresión para describir los pensamientos causados por la ansiedad, intrusivos y perturbadores que pueden desconcertar a una madre novata. Los pensamientos aterradores incluyen cualquier preocupación, reflexión, idea, obsesión, malinterpretación, imagen o impulso negativos que parezcan incompatibles con tu manera de pensar y que te angustien. Durante mucho tiempo, las mujeres se han visto obligadas a ocultar sus pensamientos alarmantes. La presión social, la falta de conocimiento, el temor a perder la razón, o su bebé, todo ello ha contribuido al silencio y al persistente estigma de los pensamientos aterradores durante la maternidad. Después de todo, ¿qué pensaría la gente si una madre confesara que no se siente feliz por ser madre? ¿O que ha tenido pensamientos horripilantes sobre lo que le podría pasar a su bebé? Ciertamente, una buena madre nunca podría pensar este tipo de cosas o admitirlo en voz alta. Tan sólo la mención de palabras aterradoras asociadas con un bebé produce escalofríos a cualquier madre novata y cualquiera que espere que sea la personificación del amor incondicional y eterno. No es fácil conciliar la coexistencia de un amor profundo con una angustia incapacitante.

Sin embargo, las madres tienen esos pensamientos. Las buenas madres. Los pensamientos aterradores aparecen sin previo aviso y solivantan ese espacio sagrado entre la madre primeriza y su bebé. No es de extrañar que las madres hayan sido reticentes a revelar esos pensamientos, incluso a sus seres queridos, hundiéndose solas en la desgracia sin tener dónde refugiarse.

En estos últimos tiempos, ha surgido un sorprendente movimiento hacia una mayor concienciación y normalización pública con respecto a los invasivos pensamientos negativos que pueden aparecer durante el período del posparto. Junto a la artista Molly McIntyre, el Postpartum Stress Center ha iniciado la campaña #speakthesecret para acabar con el mito de que todas las madres se sienten genial todo el tiempo por el solo hecho de serlo. Este *hashtag* anima a las madres a compartir sus miedos en línea como parte de un esfuerzo comunitario por desestigmatizar, informar y apoyarse mutuamente. Las mujeres están encontrando las palabras para expresar sus miedos ocultos con el coraje que nace de una voz colectiva. Desde este punto de partida, nuestros cómics vieron la luz como una mirada honesta y sentida hacia las mentes ansiosas de las madres novatas.

Cómo te puede ayudar este libro

Las buenas mamás tienen pensamientos aterradores, aunque sea un tanto extravagante por momentos, aborda una cuestión seria sobre ti y tu bienestar. Nuestra esperanza es que los personajes te resulten cercanos y dignos de confianza. Esperamos que te identifiques con muchas de sus honestas revelaciones y confesiones. Es posible que te entre la risa tonta. Es posible que llores. Es posible que agradezcas que tu situación sea mejor que la descrita en estos cómics. Es posible que lo aproveches para iniciar una importante conversación con tu pareja, tu madre o tu doctora. En cualquier caso, los diálogos pertinentes aparecerán, los estigmas se atenuarán y las mujeres se sentirán empoderadas para solicitar y recibir el apoyo que buscan y merecen.

Pedir a las mujeres en posparto que confiesen sus sentimientos y sus necesidades es una tarea enorme. Se trata de requerir de quien pueda haber vivido la experiencia más maravillosa o el calvario más horroroso de su vida que exponga abiertamente los detalles más íntimos. Comporta una vulnerabilidad extrema y un riesgo que, francamente, muchas mujeres angustiadas no están dispuestas a aceptar. Esperamos que este libro aporte cierta luz sobre este tema tabú y anime a las mujeres en posparto, sus seres queridos y el personal médico que dedica su vida profesional a cuidarlas a confesar lo inconfesable. Porque tras el cómic, tras la fachada de charla distendida entre chicas, tras la pantalla de humo de la competición por ser perfectas, hay mucho en juego. Nuestro segundo objetivo consiste en borrar el estigma de la vergüenza y el silencio que rodean a los pensamientos ansiosos y aterradores durante la maternidad. Nuestro primer objetivo es asegurarnos de que las madres en posparto se cuidan, gracias a una información fidedigna y precisa, así como a un tratamiento apropiado en caso de que sus síntomas requieran una mayor atención.

Las buenas mamás tienen pensamientos aterradores no tiene por qué ser leído de principio a fin. Las historias están distribuidas en 10 capítulos. Verás que cada una incluye un texto experto en la página contigua, así como una nota de diario garabateada. El texto sirve para aclarar al máximo la cuestión tratada en la historia. Las notas de diario aportan recomendaciones basadas en testimonios reales para una mejor sanación y son un modo maravilloso de comenzar a recuperar tu sensación de bienestar. Nuestra esperanza es que, a medida que ojees las historietas, seas cada vez más consciente de la realidad, tu ansiedad disminuya y comiences a sentir el empoderamiento que te aporta esta nueva perspectiva. A medida que reflexiones sobre las palabras y anotes tus impresiones al respecto, acabarás por sentir que eres capaz de identificar tus necesidades y de expresárselas a los demás.

Disclaimer

Te resultará muy útil familiarizarte con la terminología que se emplea en este libro, dado que el lenguaje relacionado con la salud mental materna está evolucionando, y queremos que sea claro para ti.

* Depresión posparto (DPP) y ansiedad posparto (APP): Términos más comunes para describir los diferentes estados emocionales (depresión) y los trastornos de ansiedad tras el alumbramiento.

* Depresión y ansiedad prenatal: Trastornos emocionales y de ansiedad que se producen durante el embarazo.

* Perinatal: Período de tiempo anterior y posterior al alumbramiento.

* Angustia: Referencia conjunta a la depresión y la ansiedad.

* Angustia perinatal: Término genérico que incluye la depresión y la ansiedad durante y después del embarazo.

Este libro no es una herramienta para que te autodiagnostiques. A través de sus páginas, irás viendo instrucciones repetidas para encontrar a alguien de confianza con quien hablar si estás preocupada por cómo te sientes. Alguien de confianza es cualquier persona con la que te sientas a gusto, que no te juzgue, que te apoye y te ayude a determinar el siguiente paso más apropiado. Puede ser tu pareja, tu mejor amiga, tu padre o tu madre, o tu doctora. Tener a alguien de confianza cerca supone tener a quien acudir en momentos de mucho estrés. Aunque muchas de las historietas representan experiencias habituales poco problemáticas, como mencionamos en el capítulo 1, la intención más acuciante de este libro no es saber cómo te sientes, sino cuánto sufrimiento estás sobrellevando. Finalmente, la persona de confianza que escojas puede acompañarte a visitar a una profesional, que te ayudará a determinar si necesitas tratamiento por el modo en que te sientes o bastará con que te cuides tú misma con la ayuda de algún ser querido..

Si estás muy preocupada por cómo te sientes

Una de cada siete mujeres lucha contra los síntomas de DPP y APP. Puede tratarse de casos serios que requieran una atención profesional. Aunque nuestro objetivo es llegar e informar a todas las madres, sus amigos y familias, así como al personal médico, nos preocupan de modo especial aquellas mujeres que sufren y se sienten impotentes, inseguras o incapaces de pedir ayuda. Hay mujeres que esperan durante meses o años antes de solicitar ayuda. Algunas dicen que les da vergüenza, otras que no están seguras de que sus sentimientos merezcan atención, y las hay que temen que las cataloguen de enfermas mentales o de madres horribles.

La depresión y la ansiedad después del nacimiento de un bebé pueden hacer que la madre sienta que está fallando, como si fuera imperfecta o no estuviera a la altura, de algún modo. Es un tema que ha sido poco estudiado y es la complicación más habitual del parto. Los síntomas de la angustia posparto provocan un gran dolor que puede destrozar el alma de una madre novata. Si estás padeciendo, o crees que un ser querido se encuentra en esta situación, dirígete a la lista de recursos incluidos al final del libro. Si la angustia es grave o corres el riesgo de padecerla, en función de tu historial de depresiones y de ansiedad, esperamos que este libro te resulte útil tanto para tranquilizarte como para pedir ayuda. Queremos que saques partido de tu propia fuerza, que encuentres a tu persona de confianza, que localices y aproveches los recursos disponibles y que vivas una vida cada vez más relajada.

La maternidad es dura. La ansiedad puede distorsionar tu razonamiento, convencerte de que estás fuera de control y de que siempre lo estarás. No te sentirás siempre así.

Aprenderás a gestionar tus síntomas de ansiedad y sentirás que vuelves a controlar tu vida. Aprenderás que la ansiedad te puede poner la piel de gallina al mismo tiempo que estás ejerciendo de madre ejemplar. Aprenderás que la ansiedad es normal, pero que puedes vivirla de otra manera.

Volverás a sentirte tú misma.

#speakthesecret

Capítulo 1

....

La mamá esencial

¿Qué necesito?

La vida con un bebé lo cambia todo. Estás exhausta, nerviosa y ansiosa. De pronto, tus días están repletos de dudas y de preocupaciones. Tu corazón se llena de una emoción abrumadora mientras tu resistencia se pone a prueba. Es posible que te veas sorprendida por la aparición de dudas y miedos que reemplazan el amor en tu corazón. Cuando alguien pregunta: «¿Quieres que te ayude?» o «¿Necesitas algo?», puede sonar a broma. Es difícil responder cuando ni tú misma sabes lo que necesitas o cómo te podrían ayudar. Más que nada, necesitas dormir y recordar que los pequeños actos de apoyo pueden fortalecer tus recursos internos. Si te dejas ayudar, serás más resiliente y más resistente a la ansiedad. No vaciles en comunicar lo que necesitas.

¿Puedes enumerar a tres personas en las que confíes y les puedas pedir algo?

COGER AL BEBÉ
COMPAÑÍA
LA ROPA
DUCHA
CUIDAR DE LOS ANIMALES
LA LIMPIEZA DE LA CASA
UN ABRAZO
HACER RECADOS
CONDUCIR
RECOGER LA CENA
AYUDAR CON LOS OTROS NIÑOS
GALLETAS
DAR UN PASEO
HACER UNA SIESTA
FACTURACIÓN
HACER DE CANGURO
TRAER COMIDA
CAFÉ

① _____
② _____
③ _____

Te agradecería muchísimo que me trajeras/hicieras/ayudaras con...

P.D. Consejos para amigas o familiares: Si le preguntas y responde «No» o «Nada», vuelve a preguntarle más tarde. Después, deja de preguntarle. Escoge una de las opciones anteriores, asegúrate de que la necesita y ayúdala.

¿Quién es esta personita?

Es normal experimentar una amplia variedad de emociones y preocupaciones en cuanto a tu conexión con el bebé. Enamorarte de tu recién nacido es todo un proceso. Puede ser rápido para algunas mamás, pero lo más corriente es que lleve cierto tiempo. Si te pone demasiado nerviosa estar sola con tu bebé, pídele ayuda a alguien de confianza, y así te relajarás y, quizá, des una cabezadita. La culpa te confundirá y te hará creer que el vínculo afectivo nunca volverá. Es absolutamente normal que tengas emociones tanto positivas como negativas hacia tu bebé.

Cosas que puedo hacer para mantener la

con mi bebé piel con piel

JUGAR

DEJAR DE LADO LAS PREOCUPACIONES

ACURRUCARLO

MIRARLE A LOS OJOS MIENTRAS LE DOY DE COMER

APARTAR EL TELÉFONO

CHARLAR, CANTAR,

TARAREAR, SONREÍR

La toma de decisiones

La fatiga, la ansiedad y el alboroto pueden vencer hasta a los padres más preparados. Es difícil pensar cuando todo son cacas y vómitos. El cerebro empieza a bullir y los pensamientos se disparan. Las pequeñas decisiones se transforman en grandes decisiones. La confusión se instala. Buscas respuestas claras pero sólo obtienes más dudas. Te cuesta confiar en ti cuando estás molida y consternada. Las emociones se interponen. Cuando debas tomar una pequeña decisión, intenta mantener tus emociones al margen y recuerda que sólo te encontrarás mejor si te limitas a tomar la decisión en lugar de no hacer nada y seguir dándole vueltas.

CARA O CRUZ,
LANZA UNA MONEDA

Una imagen perfecta

Cuidar tu aspecto puede ayudar, temporalmente, a crear una sensación de control. Te sentirás mejor si encuentras el tiempo de ducharte y ponerte un poco de colorete en las mejillas. No obstante, si lo estás pasando mal y te esfuerzas demasiado en aparentar que estás bien y en ofrecer una buena imagen, será difícil que quienes te quieren sepan cuáles son tus necesidades. Asegúrate de mantener un equilibrio entre cuidarte y exagerar tu aspecto para ocultar cómo te sientes.

No des por hecho que si tiene buen aspecto es porque está bien.

24

¿Hasta qué punto es malo, en realidad?

Es importante tener en cuenta que sentir unas emociones o unos síntomas fuertes no tiene por qué ser un problema. Pasan a serlo cuando afectan a tu bienestar general. Llorar, por ejemplo. Todas las madres novatas lloran en un momento u otro. Puede tratarse de las hormonas, el estrés o un simple alivio. Llorar no es un problema en sí mismo. En cambio, si no paras de llorar (frecuencia), y el lloro interrumpe tu actividad (intensidad), o te pasas los días llorando (duración) y el lloro interfiere en tu vida diaria, en tu concepción de ti misma y en tu experiencia con tu bebé, entonces convendría buscar apoyo suplementario o atención profesional. Piensa que lo que molesta a otras mujeres no tiene por qué molestarte a ti, y viceversa. Atiende tus propios síntomas y prioriza tus propias necesidades.

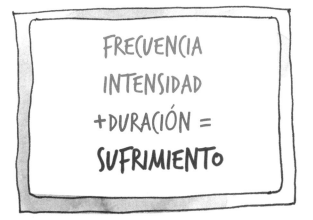

FRECUENCIA
INTENSIDAD
+DURACIÓN =
SUFRIMIENTO

¿QUÉ emociones, sentimientos o síntomas

TE PREOCUPAN AHORA MISMO?

¿CUÁNTO TE ESTÁN AFECTANDO?

ESTOY BIEN · NO SOPORTO SENTIRME ASÍ

¿HASTA QUÉ PUNTO INTERFIERE EN TU CAPACIDAD DE AFRONTAR TU QUEHACER DIARIO?

`0 1 2 3 4 5 6 7 8 9 10`

INTERFIERE POCO

ME SIENTO INCAPAZ DE ACTUAR COMO SIEMPRE LO HE HECHO

¿Debería darle el pecho? Todo el mundo dice que es lo mejor para mi bebé. No sé. No creo que sea lo mejor para mí. Quizá es que soy rara. O a lo mejor es que simplemente no quiero darle de mamar y no pasa nada. Podría darle de comer donde y cuando fuera. ¿Por qué no? Tal vez darle el pecho sea lo más fácil. Es posible que no tenga instinto maternal. ¿Debería sentir el deseo de darle el pecho, como les pasa a otras madres? ¿Estoy fuera de onda? ¿Se pondrá enfermo si no le doy el pecho? No pensaba que todo esto sería tan duro.

¿Debería darle el biberón? Quizá no me sentiría tan atada y cansada. No sé. Podría dárselo donde y cuando fuera. CUALQUIERA podría dárselo. Eso sería genial. No quiero darle leche maternizada. Quién sabe, tal vez con la leche maternizada sea más fácil. No podría darle nunca nada que le hiciera daño. A saber lo que le meterán ahí dentro. ¡Por Dios! Si no consigo tener un poco de tiempo para mí, me voy a volver loca. No pensaba que todo esto sería tan duro.

El frenesí alimentario

La decisión de dar el biberón o el pecho a tu bebé es compleja. No es fácil deshacerse de la presión social, los comentarios no solicitados y las opiniones de los que se te cruzan por el camino. ¡Eso sin mencionar las recomendaciones médicas oficiales! Hay pros y contras tanto en un sentido como en otro. Así que toma la decisión que más te convenga. Tu bebé estará bien en ambos casos. Asegúrate de que puedes contar con tu pareja antes de nada. Enfréntate a los retos imprevistos con buena voluntad, con el ánimo de hacer lo mejor para ti y para tu bebé.

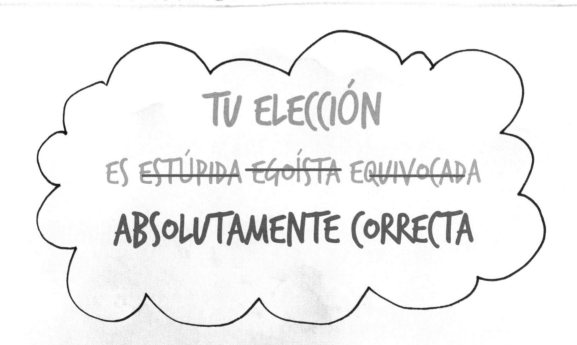

TU ELECCIÓN
ES ~~ESTÚPIDA~~ ~~EGOÍSTA~~ ~~EQUIVOCADA~~
ABSOLUTAMENTE CORRECTA

Capítulo 2

....

¿Mamá quién?

También hay días malos

Todo el mundo tiene días malos. Algunos días son peores que otros. Esto se explica por todos los cambios, la agitación emocional, la inestabilidad hormonal, el agotamiento y las obligaciones del día a día. Cuando las cosas vayan torcidas, concédete permiso para tener algún día malo. Si sientes que tienes más días malos que buenos, que estás preocupada por cómo te sientes o tienes un historial de depresiones, es importante que le cuentes a alguien de confianza cómo te sientes.

COSAS PARA DISTRAERME:

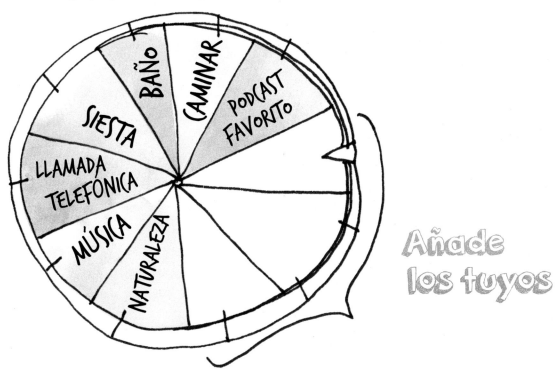

BAÑO
CAMINAR
SIESTA
PODCAST FAVORITO
LLAMADA TELEFÓNICA
MÚSICA
NATURALEZA

Añade los tuyos

32

¿Quién soy?

¿Te has percatado de las veces que la gente habla de tu aspecto? Si muestras que estás recuperando tu vida y tu cuerpo, es lo que la gente ve. No olvides que el modo en que te sientes es más importante que la imagen que quieres ofrecer. Tu cuerpo se está recuperando. Mientras echas de menos tu aspecto de siempre, tómatelo con calma. Estás cambiando, estás creciendo, te estás convirtiendo en una madre. Trátate bien.

¡Éste es el mejor momento de tu vida!
¿Cuándo sales de cuentas?
Te crees que esto es duro, ¡espérate y verás!
¡Es justo lo que has estado esperando todo este tiempo!
¿Piensas tener más hijos?
Se te ve muy cansada ¿Ya has logrado que tu bebé duerma solo?
¿Por qué lloras? Deberías sentirte dichosa!
¡Por Dios, ya vale! Hace dos semanas que di a luz, ¿cómo me puedes preguntar estas cosas? ¿Por qué me dices eso ahora? ¿Lo dices en serio? ¿Te crees que me estás ayudando?

¿Tienes un consejo?

Unas palabras a los seres queridos y las amistades: los comentarios que se suelen hacer a las madres novatas acostumbran a ser tópicos y se dicen demasiado pronto. Los consejos no solicitados no son bienvenidos, a menos que se trate de ofrecimientos para que la madre pueda descansar. Guárdate tus clichés y expresiones desgastadas para ti hasta que ella te pregunte o que veas que necesita ayuda. Incluso entonces, cállate tus sugerencias y pregúntale qué necesita.

Cómo responder a las opiniones no solicitadas

LA CLAVE ESTÁ EN ELUDIR EL TEMA Y NO ENTRAR EN DISCUSIONES

- IGNÓRALO Y SONRÍE
- «GRACIAS»
- «LO TENDRÉ EN CUENTA»
- «SÍ, YA LO SÉ»
- «ESTAMOS EN ELLO»
- «SEGUIMOS LAS RECOMENDACIONES DEL MÉDICO»

 Y SIGUE TU CAMINO

Estoy completamente deformada y me doy asco, ¡puaj!
Estoy cansada. No sé cómo me estoy comportando como madre.
¿Y si fuera un gran error? Todas parecen tan tranquilas y serenas.
Soy la única que se siente así. ¿Qué pasaría si le dijera a alguien
cómo me siento y qué ideas tengo? ¡No quiero ni pensarlo! Dirían
que soy una madre horrible. ¿Me quitarían a mi bebé?
Apenas puedo moverme. Creo que estoy demasiado cansada para
hacer ejercicio. ¿Qué estoy haciendo?)

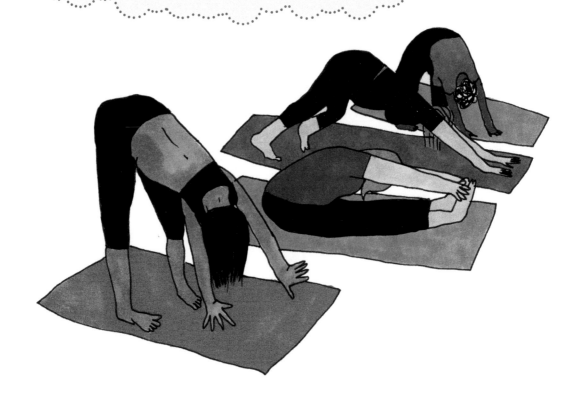

Imagen corporal

Cuando estás sola con tus preocupaciones, tu autocrítica, tu vergüenza y tu ansiedad, seguramente piensas que eres la única madre que se siente así. Das por hecho que las demás no están solas. Pues sé consciente de que otras madres están luchando contra los mismos demonios. Cuando puedas, agradece a tu cuerpo su labor en este milagro y que soporte todos los cambios que experimenta. Eres preciosa.

ERES PRECIOSA

¡Felicidades por tu bebé!

¡Ahora tu vida está completa! ¡Mira lo que tienes!

Gracias

Qué amables sois

¿Que mire lo que tengo? ¿Y lo que he perdido? He perdido toda conexión con quien era, con mi trabajo, con mi cuerpo, los ratos con los amigos, con mi marido a solas, con quién soy, mi espontaneidad, mi intimidad y mi seguridad financiera. No tengo privacidad, ni confianza en mí misma, ni libertad para moverme. No sé ni lo que hago, no tengo tiempo para hacer nada de lo que hacía. Intento sentirme agradecida, pero me echo de menos A MÍ MISMA y la vida que tenía antes.

¿El mejor momento de tu vida?

Todo el mundo espera que la nueva maternidad sea algo fantástico. Y suele serlo. Lo que nadie espera es que, más allá de sentir un amor profundo, agradecimiento y placer, también pueda haber un aluvión de sentimientos de pérdida, tristeza y resentimiento. Estas emociones contradictorias pueden resultar perturbadoras y difíciles de conciliar, además de hacerte sentir avergonzada, triste y llena de pensamientos aterradores. Si bien las ganancias son grandes, las pérdidas también lo son. Aceptar esta dicotomía de emociones te hará sentir menos culpable y menos sola.

PERDIDO Y ~~ENCONTRADO~~

1. TIEMPO A SOLAS
2. DORMIR
3. MI CUERPO
4. PRIVACIDAD
5.
6.
7.
8.
9.
10.

Mi bebé y yo

Es normal que una madre se pregunte si su bebé la quiere o prefiere la compañía de otras personas. Es fácil malinterpretar la respuesta de tu bebé o dejar que la ansiedad se imponga cuando intentas encontrar sentido a su comportamiento errático o su misteriosa irritabilidad. Es fácil que te tomes como algo personal el hecho de que no responda como esperas, pero no se trata de ti. Todo forma parte de su desarrollo natural mientras los dos os adpatáis a esta nueva aventura.

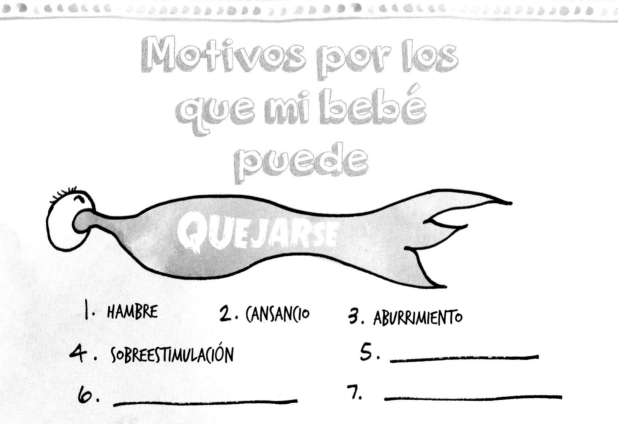

Motivos por los que mi bebé puede QUEJARSE

1. HAMBRE   2. CANSANCIO   3. ABURRIMIENTO
4. SOBREESTIMULACIÓN   5. _____
6. _____   7. _____

Capítulo 3

························

La mamá esposa

¡No me toques!

Para según quién, el abrazo es un refugio y una oportunidad sagrada de poder descansar, pero cuando te sientes hipersensible, sobreestimulada y anhelas estar sola, es posible que te horrorice pensar que te puedan tocar. Quizá quieras evitar todo contacto físico. Tu pareja puede frustrarse, ofenderse o distanciarse por ello. Reconócelo claramente. Comunícale tranquilamente lo que necesitas y escúchale. Hablar del tema entre vosotros rebajará la tensión y abrirá una vía hacia la intimidad emocional.

CUANDO TÚ _____ , ME SIENTO

_____ . ME GUSTARÍA QUE PUDIÉRAMOS

EN VEZ DE _____ , Y SI

NECESITAS _____ ,

QUIZÁ PODAMOS/PUEDAS _____

¿Está papá deprimido?

Tanto las madres como los padres corren el riesgo de sentir angustia antes y después del nacimiento de un bebé, especialmente si tienen un historial de depresión o de ansiedad. Además, las depresiones de las mamás incrementan el riesgo de depresión de los papás. Reconocer abiertamente el malestar puede ser más duro para los hombres que para las mujeres. Estate pendiente de tu relación. Comunícate con tu pareja. Hablad de cómo os sentís. Atrévete a hacerle las preguntas más comprometidas. Haz lo necesario para proteger el bienestar de ambos mediante un diálogo abierto y sostenido con honestidad.

¿HASTA QUÉ PUNTO CONOCES A TU PAREJA? ¿SABES LO QUE TU PAREJA NECESITA O QUIERE CUANDO SE SIENTE ABATIDA?

ENUMERA LAS TRES COSAS QUE CREAS QUE PUEDEN AYUDAR A TU PAREJA DE LA MEJOR MANERA.

1. _____   2. _____   3. _____

DESPUÉS, PREGÚNTALE A TU PAREJA SI HAS ACERTADO.

48

¿Tu ansiedad o la mía?

La ansiedad produce más ansiedad. Sea la tuya, la de tu pareja o la de otra persona. Cuando estés con personas ansiosas que tenga pensamientos ansiosos, puedes esperar que tu ansiedad aumente. Cuando la ansiedad entra en espiral, es más fácil que los pensamientos aterradores hagan su aparición. Encuentra el momento oportuno para interesarte por la ansiedad de tu pareja de un modo amable y deliberado, con la intención de preservar su salud mental y la tuya.

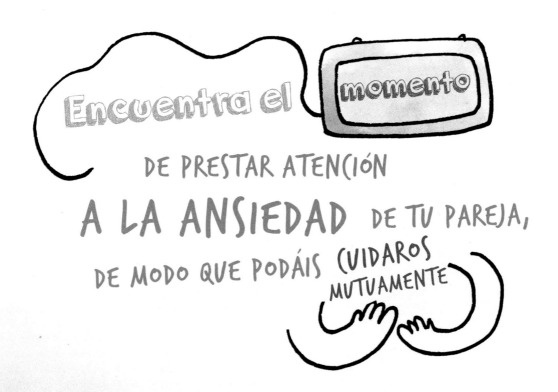

Encuentra el **momento** DE PRESTAR ATENCIÓN A LA ANSIEDAD DE TU PAREJA, DE MODO QUE PODÁIS CUIDAROS MUTUAMENTE

¿Qué tal si tomo medicación? Podría ayudarme.

No necesitas medicación. Eres fuerte. Estás mucho mejor, yo lo veo. Lo puedes superar sin recurrir a las pastillas.

No quiero tomar pastillas si no las necesito. Pero a lo mejor me ayudarían. ¿Y si lo necesito? Si necesito medicación, ¿significa que estoy loca? ¿Y si me pongo PEOR? ¿Y si pierdo completamente la razón?... Creo que no tienes ni idea de lo mal que me siento. ¿¿Cómo es posible que no veas lo MAL que me encuentro?? No sé qué hacer... No esperes que lo afronte yo sola.

¿Crees que necesito medicación?

Nunca es fácil determinar si necesitas medicación o no, y cuando tus allegados tienen diferentes opiniones, resulta todavía más complicado. Si padeces unos síntomas persistentes y problemáticos, la medicación podría ser una buena manera de sanarte. No obstante, procura no relajarte excesivamente al respecto y no abuses de las búsquedas en Internet. El consejo profesional es vital para una recuperación sin problemas, pero, aun así, la decisión última es tuya. Infórmate y trata de mantener una conversación honesta y productiva sobre las opciones de tratamiento con tu doctora y el personal médico.

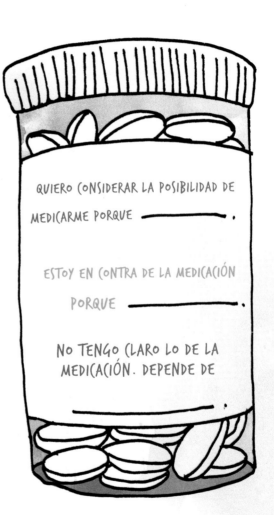

QUIERO CONSIDERAR LA POSIBILIDAD DE MEDICARME PORQUE _____.

ESTOY EN CONTRA DE LA MEDICACIÓN PORQUE _____.

NO TENGO CLARO LO DE LA MEDICACIÓN. DEPENDE DE _____.

¿Llamaste al fontanero?

No, lo siento.
No encontré el momento.

¿Qué has estado
haciendo hoy?

Pues no te lo sé
decir, en realidad.

Bueno, he limpiado la cocina 6 veces esta mañana, he recogido los juguetes por enésima vez, y hasta he dado de comer a nuestros hijos, los he bañado, castigado, felicitado, protegido, vestido, limpiado, cambiado, vigilado, entretenido, reñido, enseñado, estimulado, defendido y les he dado cariño. Ah, no me he duchado. Ni tampoco he llamado al fontanero.

¿Qué has estado haciendo hoy?

A veces no nos damos cuenta o no valoramos lo que las madres hacemos en realidad, ya sea porque sentimos que respondemos a lo que se espera de nosotras o, simplemente, porque cumplimos con nuestras obligaciones. En ocasiones, nos sentimos tan sumamente abatidas que no podemos ni recordar lo que hemos hecho durante el día. Puede resultar doloroso descubrir que tus allegados obvian lo que haces o no parecen valorar la interminable lista de responsabilidades que pasa desapercibida. En una colaboración, es presumible que los dos estéis haciendo más de lo habitual. Comparar los resultados no es una buena idea. Las negociaciones sobre la repartición de tareas deben ser transparentes, abiertas y basadas en una colaboración amorosa.

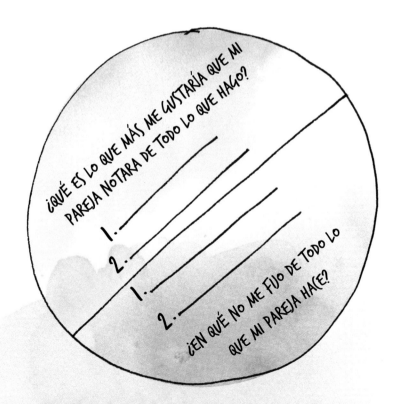

¿QUÉ ES LO QUE MÁS ME GUSTARÍA QUE MI PAREJA NOTARA DE TODO LO QUE HAGO?

1.
2.

¿EN QUÉ NO ME FIJO DE TODO LO QUE MI PAREJA HACE?

1.
2.

La llamamos para recordarle que ha vencido su cita para la revisión posparto de las 6 semanas con el Dr. «tal». Llámenos en cuanto le sea posible para acordar una nueva cita.

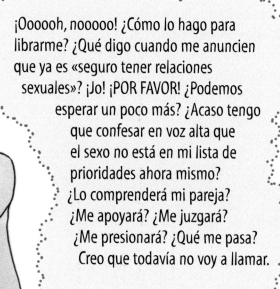

¡Oooooh, nooooo! ¿Cómo lo hago para librarme? ¿Qué digo cuando me anuncien que ya es «seguro tener relaciones sexuales»? ¡Jo! ¡POR FAVOR! ¿Podemos esperar un poco más? ¿Acaso tengo que confesar en voz alta que el sexo no está en mi lista de prioridades ahora mismo? ¿Lo comprenderá mi pareja? ¿Me apoyará? ¿Me juzgará? ¿Me presionará? ¿Qué me pasa? Creo que todavía no voy a llamar.

La fastidiosa revisión de las 6 semanas

Si bien las muestras de afecto o el contacto físico pueden verse comprometidos, el sexo suele estar fuera de toda consideración para las madres novatas. Incluso una mirada puede hacerte retroceder por miedo a que tu pareja malinterprete tu reacción. Puedes tener la sensación de que la comunicación va a menos, mientras que la frustración y la culpa aumentan. Intenta no culparte. Forma parte de la adaptación a la maternidad. Dile a tu pareja que eres consciente de que el sexo ha quedado apartado y que todavía no estás preparada, pero que te haces cargo de cómo se siente. Muestra tu rechazo, pero también tu voluntad de cuidaros mutuamente. La intimidad sin sexo es un primer paso maravilloso.

MI MARIDO Y YO ESPERAMOS 9 MESES Y TODAVÍA ESTAMOS INTENTANDO VOLVER A ELLO.

NO ME VOLVÍ A SENTIR ANIMADA HASTA QUE DEJÉ DE DAR EL PECHO.

TODAVÍA NO ME SIENTO PREPARADA, ASÍ QUE HEMOS ENCONTRADO OTRAS MANERAS DE INTIMAR.

NO ME PODÍA CREER CUÁNTO ME ESTABA COSTANDO VOLVER A SENTIRME SEXY.

CUANDO SUPERÉ MIS MIEDOS, NO FUE TAN MAL COMO SUPUSE QUE SERÍA.

VISITA A UNA FISIOTERAPEUTA DEL SUELO PÉLVICO. DE VERDAD, HAZLO.

Capítulo 4

·······················

La mamá todo es relativo

Baja autoestima

La baja autoestima se puede presentar en forma de irritación o de autocrítica feroz, dejándote a merced de los remordimientos, las reflexiones negativas y los sentimientos de ineptitud. Puedes experimentar tanto leves indicios de ansiedad como altos niveles de un fuerte angustia y pensamientos obsesivos. Si alguien de tu entorno está contribuyendo a ello a base de comentarios inoportunos, decide si prefieres ignorarlos o hacerles frente. En cualquier caso, sé compasiva contigo misma y con quienes te aman.

HAZTE TU PROPIO MANTRA:

RESPIRA

RESPIRA

LO HAGO LO MEJOR QUE PUEDO, TODO ESTÁ BIEN

Lo he vuelto a hacer

Aunque la ansiedad prenatal sea común, algunas situaciones pueden causar una preocupación excesiva, como tener hijos mientras esperas otro bebé. Los embarazos subsiguientes pueden provocar ansiedades relacionadas con verte obligada a dividir tu cariño y preguntarte si tienes el amor suficiente para todos ellos, haciendo que te sientas sobrepasada por las emociones y quizá te sientas culpable de abandonar a tus otros hijos. Intenta centrarte en los puntos fuertes de tu relación y la decisión mutua de tener otro bebé. Si no hay colaboración o si el embarazo no es deseado, rodéate de personas que te quieran y te apoyen. Habrá amor suficiente para todas.

Dibuja a tu familia

¡Dios mío! Odio a este crío. ¿Por qué está tan pendiente de mí? ¿Por qué no me deja en paz? ¿Y por qué no para de quejarse en todo el día? Quiero ducharme tranquila, quiero un poco de silencio. Soy una mala madre por pensar estas cosas. ¿Por qué no puedo tener otro bebé sin sentirme tan culpable? Me paso los días enfadada y gruñona. Tengo la sensación de que no estoy lo suficientemente pendiente de él.

Es un bebecito también

Cuando las energías están al mínimo y la privación de sueño es alta, es posible que te sientas impaciente, frustrada y enfadada. Si las emociones negativas van dirigidas a las personas que amas, como tu pareja o tu otro hijito, la vergüenza te puede hacer mucho daño. Puede resultar confuso sentir amor y rabia al mismo tiempo. El enfado no mina el amor. Es normal.

De qué maneras mi hijo pequeño aporta alegría a mi vida

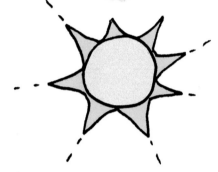

1. MI HIJO ES GRACIOSO

2. MI HIJO ESTÁ APRENDIENDO A HABLAR

3. MI HIJO PUEDE COMER SOLO

4. _____

5. _____

64

Tiene buena intención

Las madres y las suegras, incluso con las mejores intenciones, pueden perturbar la dinámica familiar mientras tú y tu familia asumís vuestros nuevos papeles. Es posible que aparezca cierta tensión e incluso resentimientos si opináis de forma diferente. Poner límites es útil. Actuar unidos como pareja es útil. El humor es útil. Preocuparte demasiado por lo que los demás piensen de ti no es útil. Si los sentimientos negativos aparecen, sácalo a colación.

UNA COSA QUE ME GUSTARÍA QUE MI MADRE HICIERA MÁS ES:

UNA COSA QUE ME GUSTARÍA QUE MI MADRE NO HICIERA TANTO ES:

Me gustaría ayudarte, cariño, pero hoy no es un buen día. Tengo un montón de recados que hacer. A lo mejor un día de la semana que viene.
¿De verdad? Porque me dijiste lo mismo la última vez y todavía no has aparecido por aquí. Necesito tu ayuda. No me fío de nadie más para cuidar del bebé. No sé a quién acudir. POR FAVOR, ven y ayúdame.
Vale, mamá. Como te vaya bien.

Decepción

Prepárate para sentirte decepcionada cuando esperes algo de tus padres o de tus suegros. Es posible que sientas que pides demasiado, o demasiado a menudo, o que te preguntes qué puedes pedir. Es posible que te preguntes: «¿No saben ver cuándo necesito ayuda?», «¿No saben ver cuándo necesito mi propio espacio?», «¿No saben instintivamente qué es lo que necesito?». Del mismo modo que estás aprendiendo a ser madre, tus padres están aprendiendo a ser abuelos. Ellos tampoco disponen de ningún manual de instrucciones. Hay que ir adaptándose y expresando las prioridades con amor, cariño y respeto por parte de todos.

De qué formas puedo pedirle a mi madre su disposición

1. «MAMÁ, SÉ QUE ESTÁS MUY OCUPADA. ¿ME PUEDES DECIR CUÁNDO TE VA BIEN QUE TE PIDA AYUDA DURANTE LA SEMANA?»

2. _____

3. _____

68

La mamá ausente

No tienes a tu madre contigo. Tal vez la perdiste hace tiempo y la echas mucho de menos. Quizá murió recientemente y tu pena eclipsa todo lo demás. Acaso vive lejos. Es posible que vuestra relación sea complicada y ella sea incapaz de ayudarte. A lo mejor está enferma, impedida o limitada de cualquier otra manera. Sea cual sea el motivo que te hace echarla de menos, es posible que esta emoción tan potente y dolorosa haga que todo lo demás sea más delicado. Es esencial que prestes atención a ese dolor y que consigas verbalizarlo.

HISTORIAS Y DETALLES SOBRE MI MADRE QUE TENGO MUCHAS GANAS DE COMPARTIR CON MIS HIJOS:

Capítulo 5

·············· · · · · · ·····

El escuadrón mamá

Demasiadas opciones

Cuando millones de actitudes conflictivas, comentarios espontáneos, listas de obligaciones que son tendencia y observaciones no solicitadas te bombardean desde todas direcciones, es difícil poner en orden tus propias preferencias. Intentar escudriñar las opiniones apasionadas de los demás puede herir tu autoconfianza. Si bien los consejos de personas de confianza pueden ser beneficiosos y provechosos, tampoco está de más que te fíes de ti misma. Incluso si no tienes una autoconfianza excesiva, actuar como si la tuvieras te puede ayudar.

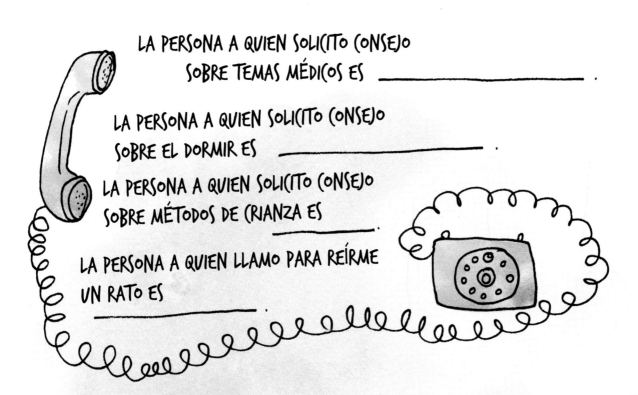

LA PERSONA A QUIEN SOLICITO CONSEJO
SOBRE TEMAS MÉDICOS ES _____.

LA PERSONA A QUIEN SOLICITO CONSEJO
SOBRE EL DORMIR ES _____.

LA PERSONA A QUIEN SOLICITO CONSEJO
SOBRE MÉTODOS DE CRIANZA ES
_____

LA PERSONA A QUIEN LLAMO PARA REÍRME
UN RATO ES
_____.

La sanación de tu cuerpo

Tener un bebé es duro para tu cuerpo. Es posible que sangres o se te escape el pipí en cualquier lugar. Puedes sentirte desgarrada, irritada, congestionada, amoratada, dolorida, hinchada y tener calambres. ¿Sabías que tu estado emocional puede influir en tu recuperación física? Pórtate bien. La recuperación necesita su tiempo. Es fácil que te equivoques calculando en cuánto tiempo te vas a recuperar.

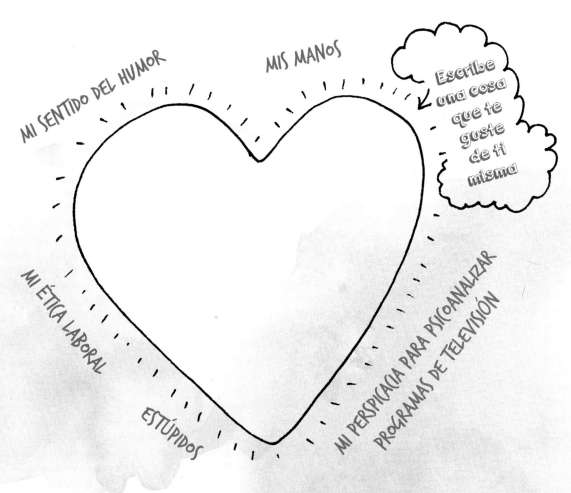

MI SENTIDO DEL HUMOR

MIS MANOS

Escribe una cosa que te guste de ti misma

MI ÉTICA LABORAL

ESTÚPIDOS

MI PERSPICACIA PARA PSICOANALIZAR PROGRAMAS DE TELEVISIÓN

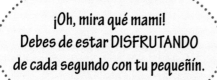

Las mejores amigas

No importa lo preocupada o exhausta que estés, lo cargados que estén tus días o lo mucho que valores tu tiempo a solas, llegará el momento en que necesites un tiempo de chicas. Recuperar los contactos sociales es bueno para el cuerpo y para la mente. Vuelve a contactar con ellas. Hazles saber lo que necesitas o lo que quieres. Todo el mundo tiene algún motivo para echar unas risas. Encuentra el tuyo.

Contacta con tus amigas

Ellas tienen poder de sanación

Mi amiga dio a luz hace OCHO
semanas y ahora tiene un vientre plano
y ya marca tableta, y está la mar de feliz.
Yo todavía llevo mis tejanos de premamá.
Soy una mierda. Seguro que no para de tener sexo
con su marido. Me pregunto si dar el pecho la
ayudó a perder peso. Alguien la ayuda
a hacer las cosas. Todo lo que cuelga es odioso,
¡no hay más que fotos suyas! Creo que debería
dejar de seguirla. A lo mejor yo tendría que colgar
más selfies. De todas formas, no será antes de
adelgazarme. Menudo rollo.

Comparaciones

Es normal que te compares con otras personas esperando encajar, pero las comparaciones pueden convertirse en opiniones, y las opiniones pueden hacerte sentir mal. La presión para parecer perfecta no tiene límites. Navegar constantemente por las redes sociales puede llegar a reforzar tus pensamientos negativos. No cedas ante la percepción de que todas tus amigas afrontan la maternidad mejor que tú.

TE HA COSTADO 9 MESES LLEGAR HASTA AQUÍ,

CONCÉDETE, A TI Y A TU CUERPO, 9 MESES PARA VOLVER A SENTIRTE BIEN.

(Mi hijo no dejaba de llorar durante las 3 primeras lecciones y yo estaba desesperada por marcharme. ¡Cuánto me alegro de que ya haya pasado!)

¿Es tu primera clase? Le costará acostumbrarse al agua, pero verás como al final le gustará.

Sí. Empezamos hoy.

Lo veo tan desesperado, pobrecito. A lo mejor tendríamos que marcharnos. Seguro que a tu bebé le gustó al momento. ¿Por qué al mío le cuesta tanto adaptarse a las cosas? ¿Será que siente mi ansiedad? Quizá el agua esté demasiado fría. Debería haberle puesto una de esas camisetas de licra como tienen los otros bebés. Nunca estoy preparada para nada. Todo ha cambiado tanto de cuando éramos crías. ¿Cómo lo han hecho las otras madres para estar enteradas de todo lo nuevo? ¿Por qué siempre voy a la zaga?)

Ineptitud

Cuanto más te preocupes por estar a la altura de otras madres, más inepta te vas a sentir y más convencida de que no haces nada bien. Incluso puedes llegar a malinterpretar las buenas intenciones de otra persona, creyendo que te está manipulando o te quiere hacer sentir mal. Una postura competitiva debilitará tu autoestima y reforzará tus pensamientos negativos.

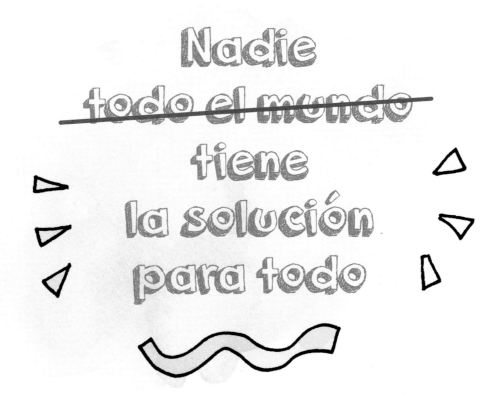

Nadie ~~todo el mundo~~ tiene la solución para todo

Sin bebé

Infertilidad. Aborto. Parto de un feto o un bebé mortinato. Hechos inesperados. Cuando hablamos de pérdidas, no siempre tenemos en cuenta lo difícil que puede llegar a ser estar en compañía de mujeres con sus bebés, lo cual requiere otro tipo de atención. Corazones destrozados, esperanzas rotas y un vacío indescriptible pueden aislar a las mujeres de sus amistades y de otras mujeres, que tal vez podrían ser de ayuda. Si has experimentado una pérdida devastadora, intentar relacionarte puede ser muy duro al principio, pero acabará siendo reconfortante.

Capítulo 6

······································

La mamá Google

Siento el peso del mundo sobre mis hombros. Demasiadas preocupaciones. ¿Le he dado bastante leche? ¿Habrá alguna catástrofe global que nos borre del mapa a todos en un instante? ¿Qué es ese ruido que hace el crío? ¿Qué significa? ¿Debería llamar a la pediatra? ¿Tiene fiebre? Parece que tiene la cabeza muy grande. ¿Ya le tomó la medida la doctora en la última visita? Estoy tan nerviosa. Me da miedo que el agua de la bañera esté demasiado caliente. No me dejéis sola con él.

¿Qué me pasa?

En ocasiones, puedes llegar a sentirte tan agobiada por tener ideas angustiosas y descabelladas que es posible que te preguntes por qué quisiste tener un bebé. Tal vez siempre hayas sabido que eres un alma ansiosa, pero esto es otra cosa. La ansiedad se entiende como una respuesta dirigida a impedir el peligro. Actúa como una señal interna que te pone alerta y te impele a proteger a tus seres queridos. Cuando tienes un bebé, puedes experimentar una respuesta súbita de huida, lucha o inmovilismo, con la adrenalina por las nubes. La ansiedad puede llegar a disparar falsas alarmas, que se traducen en una valoración altamente peligrosa de incidentes muy normales. No es fácil diferenciar entre alarmas reales y ficticias, pero puedes aprender a rebajar tu ansiedad.

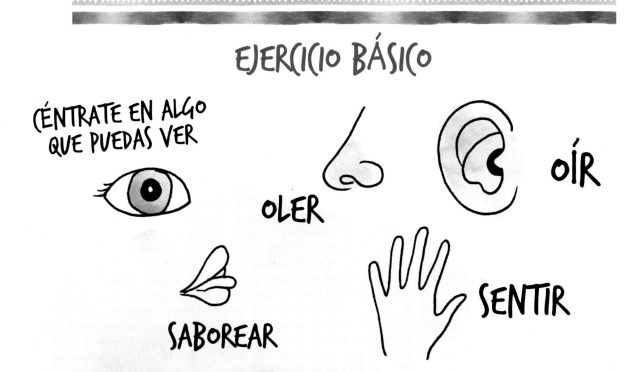

EJERCICIO BÁSICO

CÉNTRATE EN ALGO QUE PUEDAS VER

OLER

OÍR

SABOREAR

SENTIR

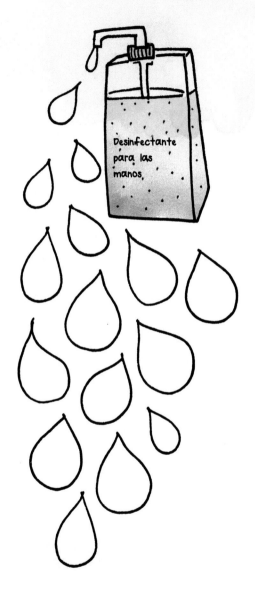

ESCRIBE EN CADA GOTA ALGO QUE TE PREOCUPE.

COLOREA DE AZUL LAS QUE NO PUEDES CONTROLAR.

COLOREA DE VERDE LAS QUE PUEDES CONTROLAR.

Más ansiedad

WSi bien todas las madres se preocupan, puede haber momentos en los que algunos pensamientos agobiantes y aterradores te asedien con furia, y temas perder la cabeza. ¿Cómo saber cuándo la ansiedad es excesiva? Es complicado. Como una buena madre que quiere proteger a su bebé de cualquier mal, germen o malestar, te preguntas quién determina si tienes un comportamiento obsesivo o prudente y cauteloso. Cuando dudes de si lo que sientes es correcto o no, intenta contar con atención profesional, te ayudará a determinarlo. (*Véase también la escala de angustia del capítulo 1*).

Gritar daña el cerebro del bebé

Cómo la exposición a la pantalla y a los medios digitales afecta al cerebro de tu bebé y su capacidad de procesamiento sensorial

Una mamá feliz tendrá un bebé con menos cólicos

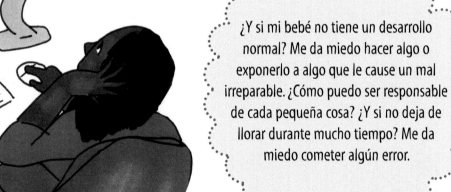

¿Y si mi bebé no tiene un desarrollo normal? Me da miedo hacer algo o exponerlo a algo que le cause un mal irreparable. ¿Cómo puedo ser responsable de cada pequeña cosa? ¿Y si no deja de llorar durante mucho tiempo? Me da miedo cometer algún error.

Titulares aterradores

La influencia de Internet y las redes sociales puede ser beneficiosa o una tortura. Buscar información médica online puede exacerbar tu ansiedad y es probable que te aporte más problemas que soluciones. Es posible que te sientas más segura gracias a páginas web fiables y contrastadas, pero también estás expuesta a información falsa o sensacionalista. No indagues sobre síntomas o diagnósticos hasta que no hayas encontrado un recurso oficial.

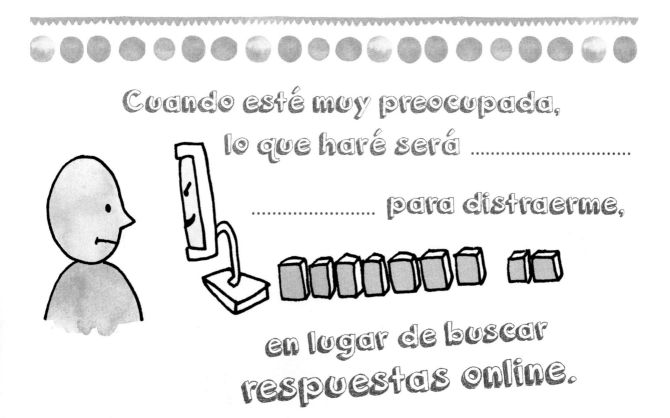

Cuando esté muy preocupada, lo que haré será .... para distraerme, en lugar de buscar respuestas online.

A la caza de respuestas

Te puedes sentir avergonzada cuando menos te lo esperes, incluso cuando la intención de otras personas sea ayudarte. Es fácil malinterpretar, sobreanalizar, obsesionarse o preocuparse por los comentarios de los demás. Cuando esto ocurra hablando de la salud de tu bebé, las emociones se pueden desbocar, especialmente si consultas a demasiadas personas, te informas en lugares no oficiales o te imaginas el peor de los escenarios. Tú eres la experta con respecto a tu bebé. Tus decisiones son las que importan. Las opiniones que deben importarte son las tuyas, las de tu pareja y las de tu doctora.

¿Y si, y si, y si?

Una de las mayores preocupaciones de los padres novatos es que su bebé caiga enfermo. Toman todas las precauciones del mundo, pero aun así parece que allí donde vayan esté lleno de virus. El miedo constante a las enfermedades o los peligros pueden llevarte a considerar toda una serie de posibles escenarios. Si los pensamientos catastróficos se convierten en la norma y se centran en la muerte, un cáncer, una tragedia, un accidente, un traumatismo o una pérdida, tu ansiedad está disparada. Necesitas ayuda extra. No busques en Internet.

Anota tus peores miedos.

Todo está bien.

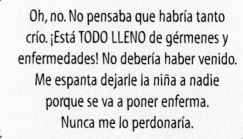

¿Es contagioso?

Cuando te sientes responsable de una criatura vulnerable, gestionar cada día variables como el sueño, la alimentación y las relaciones familiares puede resultar abrumador. Del mismo modo, la ansiedad se puede disparar cuando los factores medioambientales suponen una mayor amenaza, como los gérmenes, el intercambio de fluidos corporales infectados, los contaminantes aéreos y otros peligros vinculados a las bacterias. Sería útil reorganizar tus pensamientos y reconocer que es más factible que no ocurra nada serio a que se materialicen tus peores pesadillas. También lo sería pedir delicadamente a los familiares y amigos enfermos que no vengan a visitarte, y solicitar a las visitas que se laven las manos. Aun así, búscate tus propios argumentos para afrontar la inevitable exposición a los gérmenes.

Está bien

PROTEGER A TU RECIÉN NACIDO DE LA SOBREEXPOSICIÓN A LOS GÉRMENES, CONFORME AL CUADRO CRONOLÓGICO ESTABLECIDO POR TU PEDIATRA. DICHO ESTO, INTENTA RECORDAR QUE:

LOS GÉRMENES SON INEVITABLES.

SU EXPOSICIÓN AYUDA A FORTALECER EL SISTEMA INMUNE.

SI MI BEBÉ ENFERMA, IREMOS AL MÉDICO Y NO OCURRIRÁ NADA MALO.

Capítulo 7

·····················

La mamá colapsada

¿Son estos síntomas?

Incluso en las mejores circunstancias, recibiendo la atención más adecuada y disfrutando de las relaciones más cariñosas, te puedes sentir agobiada y exhausta. Si los síntomas depresivos hacen acto de presencia, los pensamientos se ensombrecen, y cuesta distinguir entre los síntomas y tu forma de ser. Puedes llegar a pensar que ser madre consiste en eso y que así eres ahora. Los síntomas de DPP y APP pueden solaparse con el «ajuste normal de posparto», así que puede resultarte difícil, y también al personal médico, discernir exactamente qué te está ocurriendo. Lo que experimentas podría ser la depresión posparto, que se disipará sola en los primeros quince días. También sería posible que esa depresión se alargara más allá de las dos o tres semanas, lo cual requeriría una mayor atención. Recuerda, lo preocupante no es el síntoma, sino el sufrimiento y las molestias que te causa.

Los síntomas de la depresión y de la ansiedad también pueden aflorar durante el embarazo o incluso más tarde, durante el primer año posparto. Tanto si estás embarazada como si ya tuviste a tu bebé, si sientes que algo va mal, probablemente sea así. No significa que esté ocurriendo nada malo, sino que deberías hacer caso de tu intuición y contactar con algún profesional en quien confíes para que te ayude a interpretar mejor la naturaleza de tus síntomas.

Muy activas

Cuando los pensamientos irracionales se apoderan de la razón, las actividades que te resultaban placenteras dejan de serlo. No tienes por qué sentirte depresiva ni ansiosa, pero sí sumamente apática, autocrítica e irritable. Es posible que intentes superarlo todo esmerándote en ser perfecta e imponiéndote obligaciones poco realistas.

Quizá te hayas sentido así durante mucho tiempo y no hayas reparado en los efectos nocivos causados en tu bebé. *Distimia* es el término empleado para describir los síntomas de depresión presentes la mayor parte del tiempo durante al menos dos años. Por lo general, las mujeres afectadas suelen ser muy activas y no se consideran depresivas.

RESPIRA HONDO Y HÁBLALE ALTO Y CLARO A ESA NIÑA ASUSTADA QUE LLEVAS DENTRO, Y PRONUNCIA TU NOMBRE

(PON TU NOMBRE) SÉ QUE NO TE SIENTES BIEN. VALE. LO QUE PUEDES HACER ES

(ANOTA UNA ACTIVIDAD O UNA ACCIÓN)

Deja de quejarte porque eres madre.
Me destroza el corazón. No soporto oír lo
duro que es cuanto yo daría lo que fuese por
tener un bebé. Me mortifica que tú puedas
tener un bebé y yo no.

¡Lo siento en el estómago, no en la cabeza!

En algunas personas, la ansiedad se manifiesta junto a síntomas físicos evidentes. El corazón late con fuerza y los pensamientos se distorsionan. Puedes sentir temblores, náuseas, mareos, flojedad y escalofríos. La diarrea te lo puede poner más difícil, así que te acurrucas con una esterilla eléctrica y te preguntas qué diablos está pasando. Pensar en la relación entre cómo te sientes físicamente y el estrés que estás soportando puede ayudarte a aceptar que padeces ansiedad, y se trataría de un primer paso hacia la disminución del síntoma.

Dibuja un círculo rojo en las partes de tu cuerpo donde sientas ansiedad

Pánico

El pánico puede llegar a paralizar a la mamá más competente, autosuficiente, sana y divertida. De pronto, puedes sentir presión en el pecho, palpitaciones o dificultades para respirar. Te puedes sentir insegura o débil o desconectada del resto del mundo. Puedes sentir miedo a perder el control o volverte loca. Puedes tener la sensación de que el mundo entero se está moviendo sin ti. Cuando el pánico se instala, puede ser como sentirse morir. Y nadie lo ve. El pánico viene marcado por el miedo y la aprensión a otro posible ataque, lo cual restringe tu actividad. Hay una línea muy delgada entre esforzarte, por poco que sea, en salir de tu zona de confort o en decidirte a retroceder y decir: «No, esta vez no». Sólo tú puedes determinar cómo te ves capaz de reaccionar en cada momento. Los tratamientos médicos suelen ser eficaces contra los ataques de pánico, así que pide ayuda cuando tu sufrimiento sea intenso.

COMBATIR EL PÁNICO:

AGUA FRÍA EN LA CARA

HIELO EN LAS MUÑECAS

BOMBARDEAR LOS SENTIDOS

LLEVAR LA MEDICACIÓN CONTIGO (¡PUEDES SENTIRTE BIEN SÓLO AL SABER QUE LA LLEVAS ENCIMA!)

TENER UN PLAN DE RETIRADA

RESPIRAR EN UNA BOLSA DE PAPEL

CAMBIO DE ENTORNO

SABOR ÁCIDO

ENCONTRAR UN OBJETO DE INTERÉS
REPETIR UN MANTRA INTERNO
DAR UN PASEO
ABRAZAR A TU MASCOTA

RESPIRACIÓN LENTA, PROFUNDA

Pensamientos muy aterradores

Todas las madres tienen pensamientos aterradores. Tanto las que tienen un historial clínico de depresiones y ansiedad como las que no. Cuanto más horrible sea el pensamiento, más asustada estarás, pero de hecho, los pensamientos, las imágenes y los impulsos terroríficos no suponen ningún peligro por haber actuado mal o nocivamente. No importa lo espantosos que puedan ser, no hay ninguna relación entre esos pensamientos y las acciones que la madre pueda emprender como respuesta. Son pensamientos, potenciados por tu reacción medrosa hacia ellos. Es posible que cueste comprender que los pensamientos que alimentan tus peores miedos, como que no estás hecha para ser madre, puedan coexistir con sentimientos de un amor extremo, pero así es. El poder de esos pensamientos disminuirá cuando los asumas o cuando recibas tratamiento, si la carga es insoportable.

Cólera y vergüenza

La cólera es una emoción que no te esperas cuando tienes un bebé. Sería posible que te mostraras agresiva de pronto, para después disculparte desesperada. La cólera es otro componente de la respuesta súbita de lucha o huida. Puede comenzar con una irritabilidad mínima para terminar en una batalla campal. Los esfuerzos por deshacerte de las emociones negativas, negándolas o apartándolas, tienden a reforzarlas. Los estallidos de cólera son una reacción habitual al estrés agobiante durante el posparto. Debes identificar y apaciguar los sentimientos de cólera siendo autocompasiva y cuidándote.

DI LO SIENTO UNA VEZ

SIGUE ADELANTE SIENDO AUTOCOMPASIVA

Capítulo 8

La mamá no estoy bien

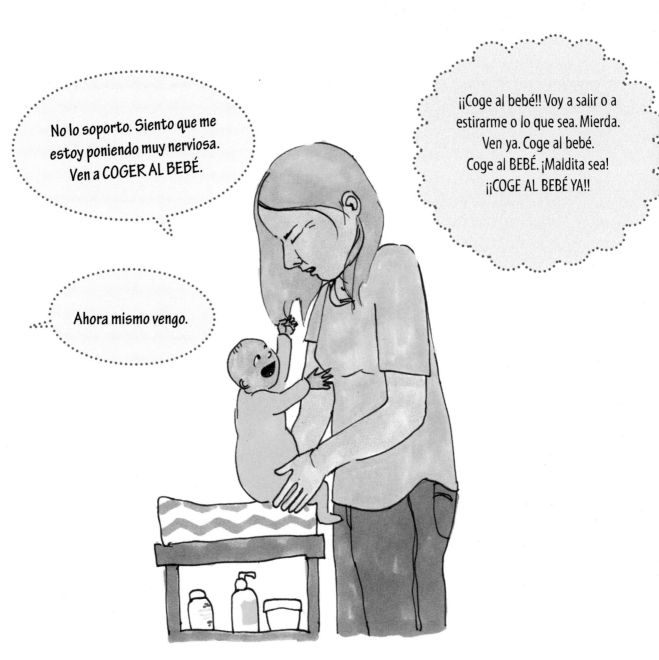

Rabia

La cólera descontrolada puede convertirse en rabia, que deteriorará tus relaciones y tu autoestima. De pronto, estás soltando tacos, las venas de la cabeza te explotan y gritas a quien está cerca de ti. Esta forma de humillar tan salvaje y brutal te podría impedir solicitar ayuda. Es imperativo que tengas en cuenta este consejo y no dejes que la rabia se descontrole. Si bien se trata de una emoción válida como respuesta a una presión intensa, la privación de sueño y todo lo que suponga perder el control, la rabia se ha de reconocer como una llamada de socorro.

COLOREA
tu rabia

Insomnio

Las noches de sueño profundo son escasas durante el posparto. La noche es un entorno cargado de reflexiones y pensamientos aterradores. El resto del mundo parece estar en paz mientras tu cerebro batalla contra una ansiedad interminable que crees firmemente que presagia un desastre seguro. Por mucho que el sueño fragmentado ya sea de esperar, los largos períodos de descanso deficiente dificultan extremadamente la tarea de lidiar con cada nuevo día. Si resulta que no puedes dormir ni descansar cuando el bebé duerme, o la cabeza te va a mil por hora, es posible que el insomnio se haya instalado, impidiendo el sueño reparador. El sueño deficiente prolongado es un factor de riesgo para la depresión posparto. La medicación, una buena higiene y los especialistas del sueño pueden ayudar.

- SALIR DE NOCHE
- DESCANSAR CUANDO EL BEBÉ DUERME
- INFUSIÓN DE MANZANILLA
- LECHE CALIENTE
- BAÑO CALIENTE
- DESCONECTAR
- DECIR SÍ A LAS AYUDAS
- DELEGAR
- PRIORIZAR EL DORMIR
- POSPONER LAS TAREAS DOMÉSTICAS
- APAGAR EL MONITOR DEL BEBÉ
- LLEVAR UN REGISTRO DEL SUEÑO
- ESCUCHAR MÚSICA
- MÁQUINA DE RUIDO BLANCO

COSAS ÚTILES CONTRA EL INSOMNIO

Los pensamientos depresivos más oscuros y profundos

Cuando dormir para siempre suena mejor que un solo día más de sufrimiento, es que la mamá ha entrado en un agujero profundo que la preocupa tanto a ella como a sus seres queridos. Los pensamientos sobre poner fin a la propia vida son un serio aviso de que los síntomas de angustia han alcanzado un punto crítico y la intervención médica es urgente. Si surge una serie de pensamientos suicidas (desde un efímero y pasivo deseo de marchar para siempre hasta un deseo o plan más activo de autolesionarse), es importante tomar medidas inmediatas para contrarrestarlos. Es posible que en el fondo pienses que nunca te lastimarías y que esos pensamientos sólo son una escapatoria. Sin embargo, son una señal de que la depresión ha arraigado y que es preciso que un profesional en salud mental haga una evaluación y proponga un tratamiento. Ya sabes que los pensamientos aterradores concernientes a tu bebé son normales, pero los que te conciernen a ti no lo son. No tiene por qué significar que corres ningún riesgo de autolesionarte, pero sí que estás sufriendo demasiado y necesitas atención profesional inmediata.

CONTRATO DE SEGURIDAD CONTIGO MISMA
INCLUYE A TU PAREJA, AMISTADES, FAMILIA, TERAPEUTAS Y MÉDICOS DE TU CONFIANZA

1. A QUIÉN LLAMO SI SIENTO QUE NO AGUANTO MÁS: _____

2. SI NO PUEDO CONTACTAR CON 1, LLAMARÉ A: _____

3. SI NO PUEDO CONTACTAR CON 2, LLAMARÉ A: _____

4. SI NO PUEDO CONTACTAR CON 3, LLAMARÉ A: _____

5. SI NO PUEDO CONTACTAR CON NINGUNO DE ELLOS, LLAMARÉ AL 911 (112 EN ESPAÑA) E IRÉ AL CENTRO DE URGENCIAS MÁS CERCANO, UBICADO EN:_____

Obsesiones

La nueva maternidad puede convertir a algunas mujeres en susceptibles al trastorno obsesivo compulsivo (TOC) o, más comúnmente, síntomas parecidos al TOC, pero sin serlo. Se cree que aparece, en parte, por la abrupta y absorbente responsabilidad para con un bebé indefenso totalmente dependiente. Es posible que malinterpretes o sobreactúes ante los hechos normales de cada día, percibiéndolos como amenazas. También puede que te atormentes por los extraños y violentos pensamientos sobre posibles daños a tu bebé, que desafiarían tus convicciones sobre ti misma. A lo mejor desarrollas patrones de comportamiento creyendo que os protegerán a ti y a tu bebé. Irónicamente, estos comportamientos —como evitar cosas, limpiar y volver a limpiar, comprobar y volver a comprobar—, en realidad, refuerzan tu preocupación. La clave está en cortar el ciclo. Si tienes un historial de TOC u otro trastorno de ansiedad, corres un gran riesgo de padecer un TOC de posparto. Si la ansiedad es alta, es recomendable recibir atención profesional.

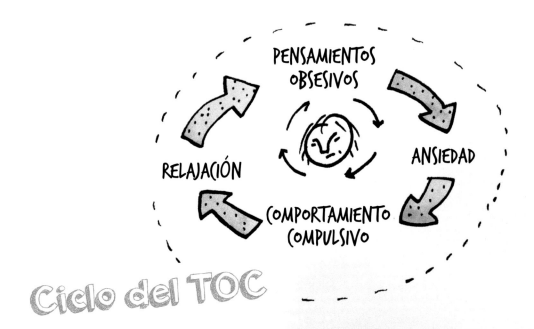

Ciclo del TOC

¡Cuánto me alegro por ti! Debes de sentirte muy feliz. Por fin tienes el bebé que siempre has deseado.
Sí.
Eso creo. ¿Entonces, por qué me siento tan desgraciada? ¿Por qué me ha costado tanto tenerla? ¿Por qué no he tenido un parto normal como todo el mundo? ¿Quieres oír los detalles explícitos? ¿Quieres saber lo que se siente DE VERDAD? No consigo quitarme las imágenes de la cabeza. No puedo ni conducir cerca del hospital sin sentir que voy a vomitar.

Trauma

Es posible que te preguntes por qué estás tan alerta, y que tengas de pronto recuerdos intrusivos de algún trauma que no desaparezcan. Quizá tengas *flashbacks* que torturen tu tranquilidad, pesadillas que alteren tu sueño y una angustia que te persiga sin cesar. Tal vez evites discusiones, objetos, lugares o cualquier cosa que te traiga recuerdos de tu trauma relacionado con el alumbramiento, o incluso alguno anterior. Cualquier experiencia que te parezca dañina o amenazadora puede causarte un trastorno de estrés postraumático (TEPT). Si te preocupa su posible impacto, busca la ayuda de un profesional en salud mental especializado en traumas.

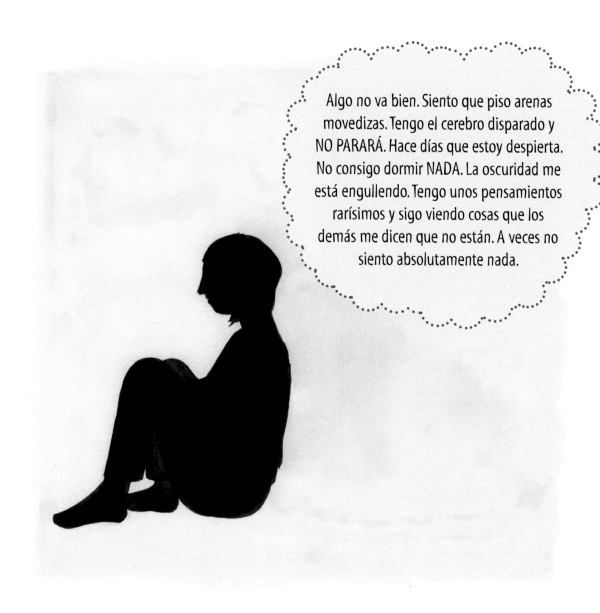

Psicosis

¿Te preocupa estar viviendo un posible episodio psicótico? ¿Tienes un historial de trastorno bipolar? ¿Ves cosas que los demás no ven? ¿Oyes voces que te dicen que hagas cosas? ¿Te preguntas si los demás te dicen la verdad? ¿Hablas deprisa, cambiando continuamente de tema? ¿Eres desconfiada y sospechas de la sinceridad o las intenciones de tus allegados? ¿Tus pensamientos se desbocan? ¿No puedes o no sientes la necesidad de dormir? ¿Los demás te dicen que no estás en contacto con la realidad? ¿Utilizan la palabra extraño cuando hablan de tu modo de pensar? La presencia de estos síntomas puede revelar un episodio psicótico, lo cual requiere intervención médica urgente. Si las respuestas a estas preguntas te resultan incómodas, que algún ser querido te lleve a urgencias o llama al 911 (112 en España) para conseguir la atención que necesitas sin dilaciones.

Capítulo 9

·····························

La mamá
demandante

Perdona, ¿me puedes ayudar?

Pedir ayuda a una pareja que «debería estar» ayudando es delicado cuando todo el mundo trabaja duro y está muy cansado. Expón tus necesidades de manera clara y directa, y reconoce cómo se puede sentir tu pareja. Intenta decir: «Sé que estás cansado por el trabajo, pero después de cambiarte, ¿podrías ocuparte del bebé para que yo pueda...?».

Pedir ayuda es algo que los dos podéis hacer, y deberíais hacerlo con un espíritu de colaboración y afecto. Si no te hace caso, repítelo con mayor convicción y sabiendo que mereces esa ayuda. El compromiso es esencial. Tanto tú como tu pareja deberíais sentiros apoyados incondicionalmente en todo momento. Si no es así, háblalo para que podáis trabajar conjuntamente con un mismo objetivo.

Sería de gran AYUDA que:

1. BAÑARAS AL NIÑO MIENTRAS YO LE DOY DE COMER AL BEBÉ

2. LLEGARAS A CASA MEDIA HORA ANTES DOS DÍAS POR SEMANA

3. _____

4. _____

¿Y ahora qué?

¿Qué pasa si las peticiones de ayuda no funcionan? ¿O tus solicitudes pasan desapercibidas? ¿A qué se debe que parezca que nadie comprenda lo que dices, nadie te tome en serio, o todos intenten tranquilizarte, pero aun así te sientas apartada? Por lo general, esto ocurre porque todos están acostumbrados a que te hagas cargo de las cosas y les cuesta comprender la gravedad de tus demandas o de tu urgencia. Exprésales tus sentimientos y necesidades tan claramente como puedas. Elige las palabras adecuadas. Sé directa y firme. Eres tu mejor recurso para protegerte de futuras tensiones.

¿¿QUÉ ES LO QUE IMPIDE QUE RECIBAS LA AYUDA QUE NECESITAS??

1. _____

2. _____

Los profesionales de la salud

¿Confías en tu personal médico? ¿Con quién te sientes más a gusto? ¿Tu obstetra? ¿Tu pediatra? ¿Tu médico de cabecera? ¿Tu comadrona? ¿Tu enfermera? ¿Crees que priorizan tus intereses? ¿Te sientes bien atendida cuando estás con ellas o después de haberlas visitado? Muchos profesionales de la salud se han formado para atender cierto grado de trastorno emocional durante este período y, por eso, no consideran problemáticas algunas expresiones de angustia ni oportuno que se realice algún análisis médico complementario. De este modo, se podría tratar de una ocasión perdida para recibir una mejor atención. Nadie mejor que tú para proponer la atención médica que necesitas. Si consideras que tus preocupaciones no son atendidas convenientemente, debes hablar claro, o buscar otros profesionales.

LLÉVALE ESTO A TU MÉDICO →

SI HE SOBREPASADO EL POSPARTO EN 2 O 3 SEMANAS Y ESTOY TRISTE, LLOROSA, ANSIOSA, NERVIOSA O PREOCUPADA POR CÓMO ME SIENTO, YA NO ES POR LA DEPRESIÓN POSPARTO. AYÚDEME A DETERMINAR EL PRÓXIMO PASO A DAR, POR FAVOR.

La medicación puede ayudar

Lo último que te esperabas después de tener al bebé era tener que medicarte por depresión o ansiedad. Puede que consideres o no esta opción, pero si tu malestar es importante y te cuesta centrarte, los antidepresivos y los ansiolíticos pueden ayudarte, y suelen tolerarse bien. Hay madres que se oponen, de forma comprensible, a tomar medicación y prefieren «aguantar». Esto puede funcionar con síntomas leves. Pero los síntomas moderados o graves como el pánico, los pensamientos suicidas, la pérdida de apetito y el insomnio, por ejemplo, responden bien al tratamiento. No temas medicarte si lo necesitas. No sufras más de lo necesario. Lo mejor que puedes hacer para tu bebé es cuidarte.

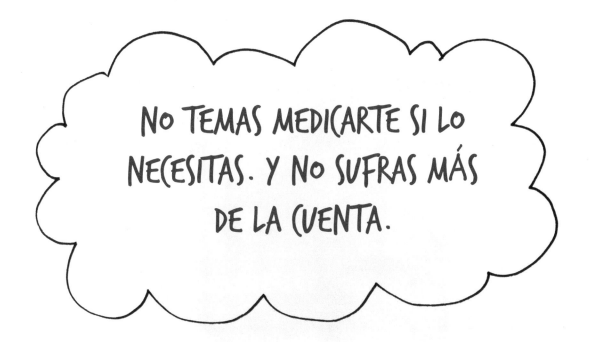

NO TEMAS MEDICARTE SI LO NECESITAS. Y NO SUFRAS MÁS DE LA CUENTA.

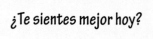

¿Te sientes mejor hoy?

No mucho. Siento ansiedad todo el rato. No puedo comer y temo hacer algo que dañe a mi bebé.

¿De verdad crees que podrías hacerle daño a tu bebé?

¡Por Dios! ¡No, no lo creo! ¿Usted cree que podría dañar a mi bebé?

¿Por qué le he preguntado eso? Ahora estará pensando que le puedo hacer daño al bebé. Si ella está preocupada, ¿no debería estarlo yo? ¿Y si llama a los servicios de protección a la infancia? ¿Y si le hago daño al bebé? ¿Debería estar ingresada? ¡Dios mío, no puedo ir al hospital! ¿Estará pensando que estoy loca? ¿Estoy loca?

La terapia puede ayudar

Los terapeutas formados en salud mental y reproductiva pueden ser un recurso inestimable. Contactar con un profesional especializado te ayudará a sentirte menos sola, más esperanzada y más cerca de reencontrarte contigo misma. Si has vivido una relación terapéutica exitosa, ya sabes hasta qué punto es importante. Si nunca has ido a terapia y no parece que ahora sea el mejor momento para hacerlo, no descartes la posibilidad de que una relación terapéutica te pueda resultar útil más adelante. Todo el mundo tiene experiencias pasadas o actuales que pueden predisponer a tener pensamientos de ansiedad o depresivos. La maternidad puede ser un desencadenante de vulnerabilidades. Uno de tus principales objetivos debería ser el de cultivar la resiliencia. Un buen terapeuta te puede ayudar en este sentido.

VE A LA PÁGINA DE RECURSOS QUE ENCONTRARÁS AL FINAL DEL LIBRO

ENCUENTRA UN TERAPEUTA

NOMBRE: _____

TELÉFONO: _____

YA TIENES LA INFORMACIÓN SI LA NECESITAS

El personal médico importa

Es comprensible que te muestres reticente a contarle al personal médico cómo te sientes en realidad. Puedes temer que sobreactúen ante tus pensamientos aterradores. También puede ser que pienses que estás perdiendo la cabeza y creer que te puedan juzgar inapropiada para ser madre; incluso que llamen a la policía o a los servicios de protección a la infancia. Aunque haya personal mal informado, el conocimiento y la concienciación sobre los estados de ánimo perinatales y los trastornos de ansiedad están cada vez más extendidos. Tienes todos los motivos y todo el derecho a esperar una atención responsable y bien fundada. ¿Qué necesitas ahora mismo? ¿Información? ¿Atención? ¿Aliviar algún síntoma? ¿Una receta? ¿Que te deriven a un terapeuta? ¿Una atención grupal? Recuerda que puedes ser sintomática y competente al mismo tiempo. Exprésate con claridad. Sé fuerte. Abraza a tu yo fracturado y encuentra el valor y las palabras para hablar. No te niegues la ocasión de sentirte mejor. Di lo que necesitas. Expón tus intenciones. No te conformes con menos.

Capítulo 10

....

La mamá que se recupera

142

Estado actual

La maternidad es dura, por mucho que haya quien se empeñe en pintarla de rosa. Aunque suene trivial, es cierto que todo el mundo intenta hacerlo lo mejor posible. Nunca sabes por lo que otra persona puede estar pasando. No saques conclusiones precipitadas cuando las cosas te parezcan más fáciles para otras madres que para ti. Ninguna situación de agobio durará tanto como parece en un principio. Date permiso para estar bien en la situación actual. La conmoción. La locura. Las emociones erráticas. Exhálalas. Si se presenta un momento de humor, aprovéchalo. Los días duros recuerda que *no siempre será así*.

lamamáqueserecupera

\# HACERDEMAMÁESDURO
\# ESTÁMALSIMERÍOCUANDOLLORA
\# CAGARSOLAESUNLUJO

CREA TUS
\# PROPIOS

\#
\#
\#
\#
\#

Rediseña tu cuidado personal

Escucha a tu cuerpo, tu corazón y tus síntomas. Si satisfaces tus necesidades reales, puedes llegar a descubrir caminos hacia un mayor autoconocimiento y una mayor tolerancia. El cuidado personal durante el posparto no es ni un lujo ni un esfuerzo egoísta. Es un requisito y una prioridad. Sé paciente contigo misma. No esperes demasiado en poco tiempo. No te despliegues en exceso. Hazte a la idea de que habrá días malos de forma intermitente. Recuerda que mortificarte no te ayudará y que los remordimientos son un desperdicio de energía.

Pon límites

Concederte prioridad puede parecer egoísta o insensible ante los demás. Sin embargo, las consecuencias negativas de no poner apenas límites y de ceder a la presión son importantes. Pueden convertirse en más ansiedad, resentimiento y remordimientos. Tu amor propio y tu autoestima dependen de que desarrolles tu capacidad de decir lo que necesites decir. Establecer y mantener límites saludables no es fácil y requiere práctica. Date prioridad a ti y a tu bebé. Encuentra la fuerza interior para hacerlo de una forma amable, clara y respetuosa hacia ti misma y hacia los demás.

¿Puedes identificar tus límites físicos, emocionales, mentales y espirituales?

¿QUÉ NECESITAS? ¿QUÉ NO NECESITAS?
¿QUÉ TE HACE SENTIR MEJOR? ¿Y PEOR?

 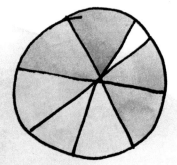

AHORA, HAZ UN PASTEL...NO... HAZ UN GRÁFICO DE PASTEL
ANOTA TUS NECESIDADES (P. EJ.), DORMIR, ESTAR CON LOS AMIGOS,
ESTAR CON LA FAMILIA, CUIDAR DEL BEBÉ, UN PASTEL)

¡Uf! Esto es más duro de lo que me pensaba. De verdad que hay momentos en los que no tengo NI idea de lo que estoy haciendo. Espero que la improvisación forme parte de esta historia... ¡Míralo cómo se ríe cuando riño al perro! Qué lindo eres. Mejor que te lo tomes todo como una diversión. Venga, vamos a dar una vuelta.

Acepta la incertidumbre

La maternidad conlleva caos, confusión y desorden, tanto literal como psicológicamente. Estos nuevos obstáculos son un incordio, pues la mayoría de las personas actúan mejor cuando están preparadas ante las novedades o saben qué esperar. Paradójicamente, aprender a tolerar la incertidumbre y aceptar lo impredecible te ayudará a mantener una sensación de control. Cualquiera que sea el grado de sufrimiento, ni es divertido ni es fácil, pero te puede servir para saber que eres capaz de tolerar más de lo que creías y ayudarte a sentir que tienes el control.

Experimentar la incertidumbre

NO TIENE POR QUÉ GUSTARTE, PERO PUEDES APRENDER A SOPORTARLA.

Cuánto me alegro de haberle dicho a la doctora cómo me siento. Me preocupa saber cómo irá todo, pero al menos tenemos un plan, y eso me hace sentir bien. De algún modo, no me siento sola y vulnerable. Por fin, sé que hay un nombre para lo que siento. Es real. Se puede tratar. Todo irá bien.

La esperanza es una intervención legítima

Los acontecimientos estresantes pueden volverte vulnerable. Sin embargo, también pueden hacer aflorar tu fuerza interior y ayudarte a fomentar un sentido de dominio de tu entorno. Los retos a los que te enfrentas reforzarán tu capacidad de resistencia y tu red de apoyo. Los días buenos te ayudarán a sobrellevar los días malos. No desestimes el poder de la esperanza, parece ser que reduce el dolor e incrementa la tolerancia. Céntrate en tu propio discurso, tu poder de lucha, tu historial de éxitos y tus buenos instintos. Confía en tu capacidad de superación y celebra la madre que eres.

Lo tengo. Intentaré no preocuparme por lo que piense o sienta. Si me siento muy mal, sé que existen cosas que puedo hacer para recuperar el ánimo. Me siento acompañada y menos sola. Volveré a ser yo misma.

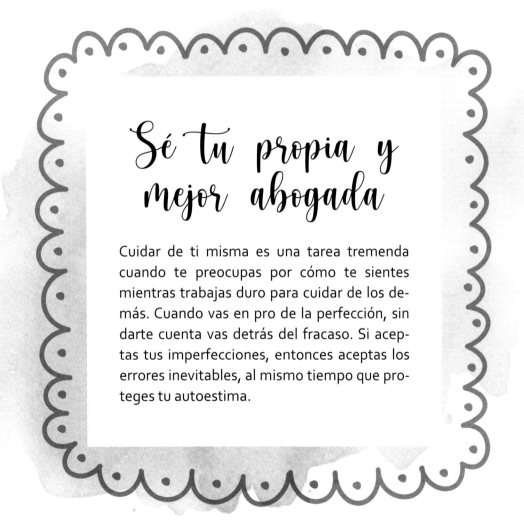

Sé tu propia y mejor abogada

Cuidar de ti misma es una tarea tremenda cuando te preocupas por cómo te sientes mientras trabajas duro para cuidar de los demás. Cuando vas en pro de la perfección, sin darte cuenta vas detrás del fracaso. Si aceptas tus imperfecciones, entonces aceptas los errores inevitables, al mismo tiempo que proteges tu autoestima.

Directrices para tu sanación:

* Acepta tu estado actual: sé consciente de cómo te sientes en realidad.

* Practica la autocompasión: está bien que te sientas así.

* Mantén cierta perspectiva: es normal que las mamás novatas se sientan agobiadas.

* Controla tus sentimientos: determina si son soportables o te impiden actuar normalmente.

* Cuida de ti y de tus relaciones: sé amable contigo y con los demás.

* Identifica tus puntos fuertes: no olvides qué se te da bien.

* Perdónate: libera la culpa. Abraza la imperfección.

* Encuentra tu sentido del humor: puede ser la panacea para tu sanación.

* Encuentra el sentido: revisa tus expectativas y reinterpreta tu experiencia como suficientemente buena.

* Ten la esperanza de que ocurran cosas buenas: de verdad.

Recuerda que «las mujeres aprenden a ser buenas madres mediante el sistema de prueba y error, luchando a diario con las exigencias de sus bebés, haciendo cosas bien y cometiendo errores» (Kleiman & Raskin 1994, 239). Prepárate para cometer honestos errores humanos. Prepárate para ajustar tus expectativas. Modifica tus normas inasumibles. Resiste la urgencia de compararte con las demás. Rodéate de personas que te quieran y mantén tu ansiedad a raya sabiendo que eres buena y fuerte. Tú te bastas.

Recursos

Material de lectura complementario

Dispones de más información para ti, tu familia y tu terapeuta en los otros libros de Karen Kleiman sobre la depresión y la ansiedad posparto.

* *This Isn't What I Expected: Overcoming Postpartum Depression This Isn't What I Expected: Overcoming Postpartum Depression and Anxiety* (con Valerie Davis Raskin)

* *Tokens of Affection: Reclaiming Your Marriage after Postpartum Depression* (con Amy Wenzel)

* *Dropping the Baby and Other Scary Thoughts: Breaking the Cycle of Unwanted Thoughts in Motherhood* (con Amy Wenzel)

* *Therapy and the Postpartum Woman: Notes on Healing Postpartum Depression for Clinicians and the Women Who Seek Their Help*

* *The Art of Holding in Therapy: An Essential Intervention for Postpartum Depression and Anxiety*

* *Cognitive Behavioral Therapy for Perinatal Distress* (con Amy Wenzel)

* *What Am I Thinking? Having a Baby after Postpartum Depression*

* *The Postpartum Husband: Practical Solutions for Living with Postpartum Depression*

* *Moods in Motion: A Coloring and Healing Book for Postpartum Moms* (Ilustraciones de Lisa Powell Braun)

Si padeces una crisis

* Llama a tu médico

* Llama al 911 (112 en España) o acude al servicio de urgencias más cercano

La autora

Karen Kleiman es una famosa experta internacional en salud mental maternal, con más de treinta años de experiencia. La obra de esta abogada y autora ha sido destacada en Internet y entre la comunidad de salud mental perinatal durante décadas. En 1988, Karen fundó el Postpartum Stress Center, un centro dedicado al tratamiento y la formación contra la depresión prenatal y el posparto, así como los trastornos de ansiedad, donde trata a individuos y parejas.

Karen ha participado en entrevistas, presentaciones y debates para cadenas de televisión nacionales y locales, revistas, programas de radio y páginas web sobre salud. Ha aparecido en los programas de televisión *Katie*, *Inside Edition*, *The Oprah Winfrey Show* y *NBC Nightly News*, con Tom Brokaw. Algunas de las revistas y páginas web que han destacado su obra o la han entrevistado son *Self*, *Fit Pregnancy*, *HuffPost*, *Today'sParent*, *Parenting*, *Working Mother*, *CNN.com* y *Mothering*.

La ilustradora

Molly McIntyre es una ilustradora y diseñadora de cómic con experiencia en el grabado tradicional y las técnicas en libros de arte. Sus ilustraciones han aparecido en las revistas *Bitch*, *Everyday Feminism*, *Scary Mommy*, *Psychology Today*, entre otras. Actualmente, está trabajando en una colección de cómics sobre la nueva maternidad, llamada *Momzines*. Vive en Brooklyn (Nueva York) con su marido y su joven hijo.

Puede consultar nuestro catálogo en www.obstare.com

LAS BUENAS MAMÁS TIENEN PENSAMIENTOS ATERRADORES
Texto: *Karen Kleiman*
Ilustraciones: *Molly McIntyre*

Título original: *Good Moms Have Scary Thoughts and that's Okay*

1.ª edición: septiembre de 2023

Traducción: *Jean-Fraçois Silvente Muñoz*
Maquetación: *Rodrigo Lascano*
Corrección: *M.ª Jesús Rodríguez*

© 2019, Karen Kleiman & Molly McIntyre
Original publicado por Familius LLC, www.familius.com
Título en español negociado a través de DropCap Inc., USA
(Reservados todos los derechos)
© 2023, Editorial OB STARE, S. L. U.
(Reservados los derechos para la presente edición)

Edita: OB STARE, S. L. U.
www.obstare.com | obstare@obstare.com

ISBN: 978-84-18956-21-8
DL B 14507-2023

Impreso en Gràfiques Martí Berrio, S. L.
c/ Llobateres, 16-18, Tallers 7 - Nau 10. Polígono Industrial Santiga.
08210 - Barberà del Vallès - Barcelona

Printed in Spain